AF194182

Impressum
Verlag: BABADADA GmbH, Nedderfeld 112 , 22529 Hamburg
Geschäftsführer / Verlagsleitung: Harald Hof
Druck: Books on Demand GmbH, In de Tarpen 42, 22848 Norderstedt

Imprint
Publisher: BABADADA GmbH, Nedderfeld 112 , 22529 Hamburg, Germany
Managing Director / Publishing direction: Harald Hof
Print: Books on Demand GmbH, In de Tarpen 42, 22848 Norderstedt

мәктәп

école

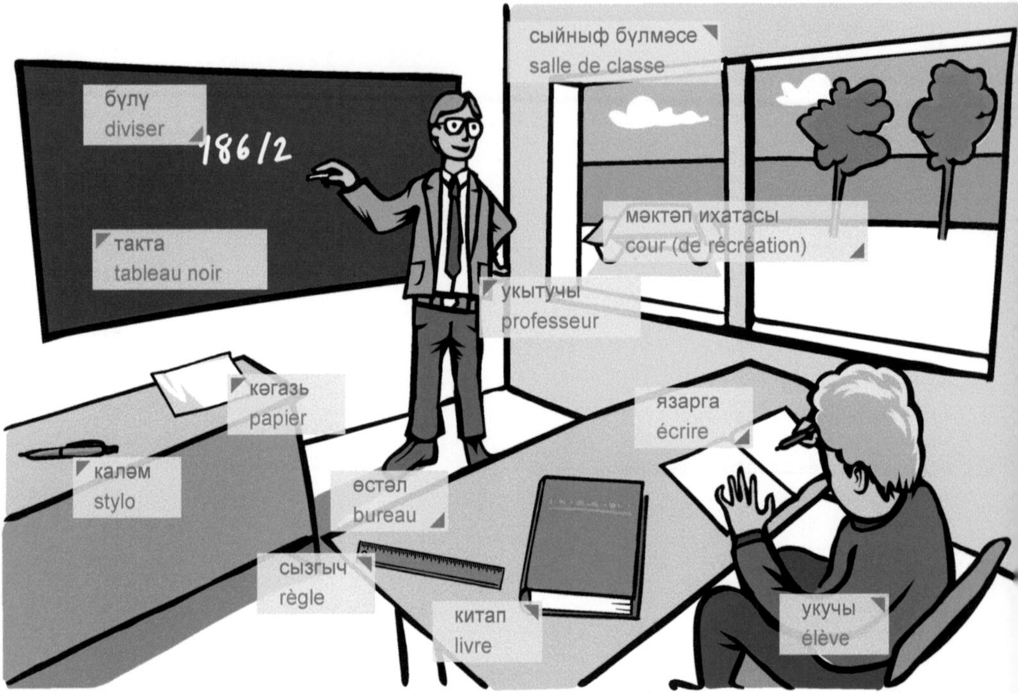

сыйныф бүлмәсе
salle de classe
бүлү
diviser
186/2
такта
tableau noir
мәктәп ихатасы
cour (de récréation)
укытучы
professeur
кәгазь
papier
язарга
écrire
каләм
stylo
өстәл
bureau
сызгыч
règle
китап
livre
укучы
élève

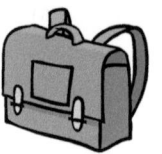

букча

cartable

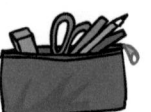

каләмдан

trousse

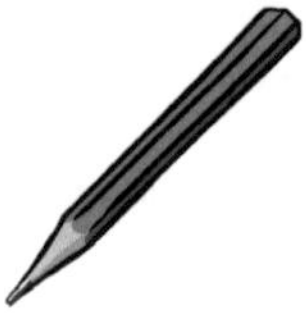

кырандаш

crayon

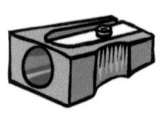

каләм очлагыч

taille-crayon

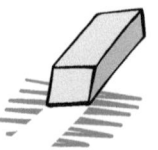

бетергеч

gomme

рәсем дәфтәре

carnet à dessin

рәсем

dessin

пумала

pinceau

буяулар тартмасы

boîte de peinture

кайчы

ciseaux

җилем

colle

дәфтәр

cahier d'exercices

өй эше

devoirs

12

сан

chiffre

2+2

кушу

additionner

5-2

алу

soustraire

2×2

тапкырлау

multiplier

исәпләү

calculer

A

хәреф

lettre

ABCDEFG
HIJKLMN
OPQRSTU
VWXYZ

әлифба

alphabet

hello

сүз

mot

текст

texte

укырга

lire

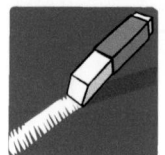

акбур

craie

дәрес

leçon

сыйныф журналы

livre de classe

имтихан

examen

сертификат

certificat

мәктәп формасы

uniforme scolaire

мәгариф

formation

энциклопедия

lexique

университет

université

микроскоп

microscope

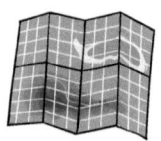

харита

carte

чүп кәгазь чиләге

corbeille à papier

сәяхәт
voyage

Grand
кунакханә
hôtel
хостел
auberge
ROOMS
валюта бюросы
bureau de change
CHANGE
баул
valise
автомобиль
voiture

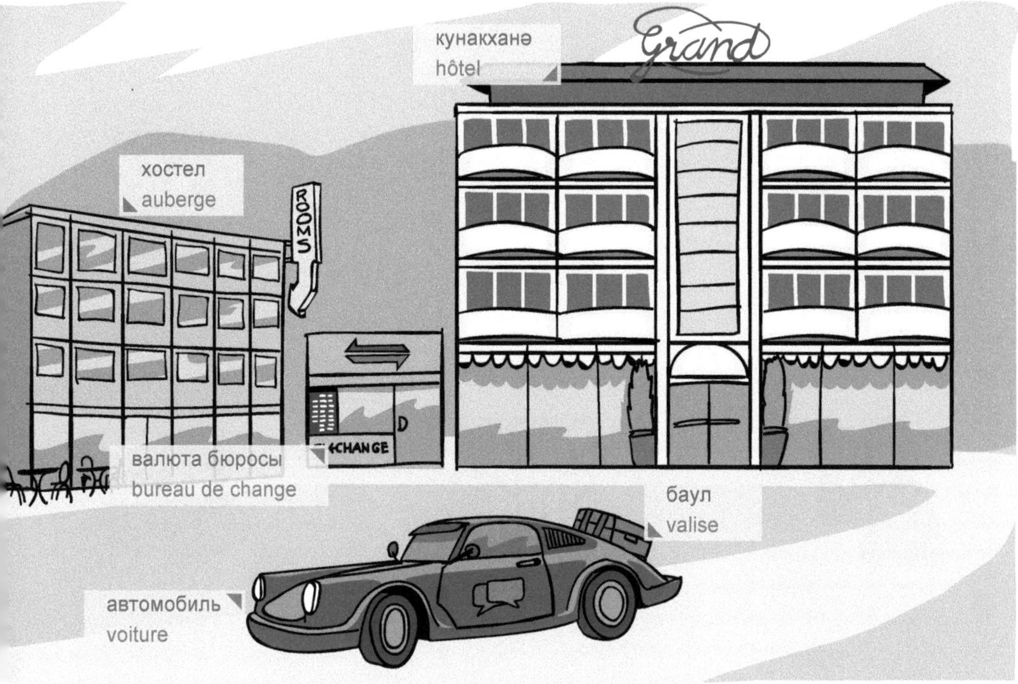

тел

langue

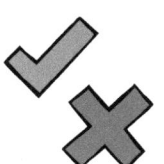

әйе / юк

oui / non

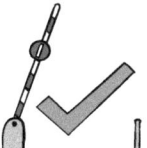

ярар

d'accord

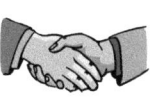

исәнмесез

Salut

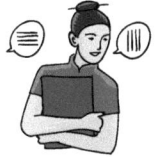

тәрҗемәче

interprète

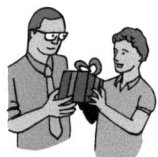

Рәхмәт

merci

... күпме тора?

Combien coûte...?

мин аңламыйм

Je ne comprends pas

проблем

problème

Хәерле кич!

Bonsoir !

Хәерле иртә!

Bonjour !

Тыныч йокы!

Bonne nuit !

сау булыгыз

Au revoir

юнәлеш

direction

багаж

bagages

букча

sac

биштәр

sac-à-dos

кунак

hôte

бүлмә

pièce

йокы капчыгы

sac de couchage

чатыр

tente

турист мәгълүматы

office de tourisme

комсал

plage

кредит кәрте

carte de crédit

иртәнге аш

petit-déjeuner

төшлек

déjeuner

кичке аш

dîner

билет

billet

лифт

ascenseur

марка

timbre

чик

frontière

тамгаханә

douane

илчелек

ambassade

виза

visa

паспорт

passeport

транспорт
transport

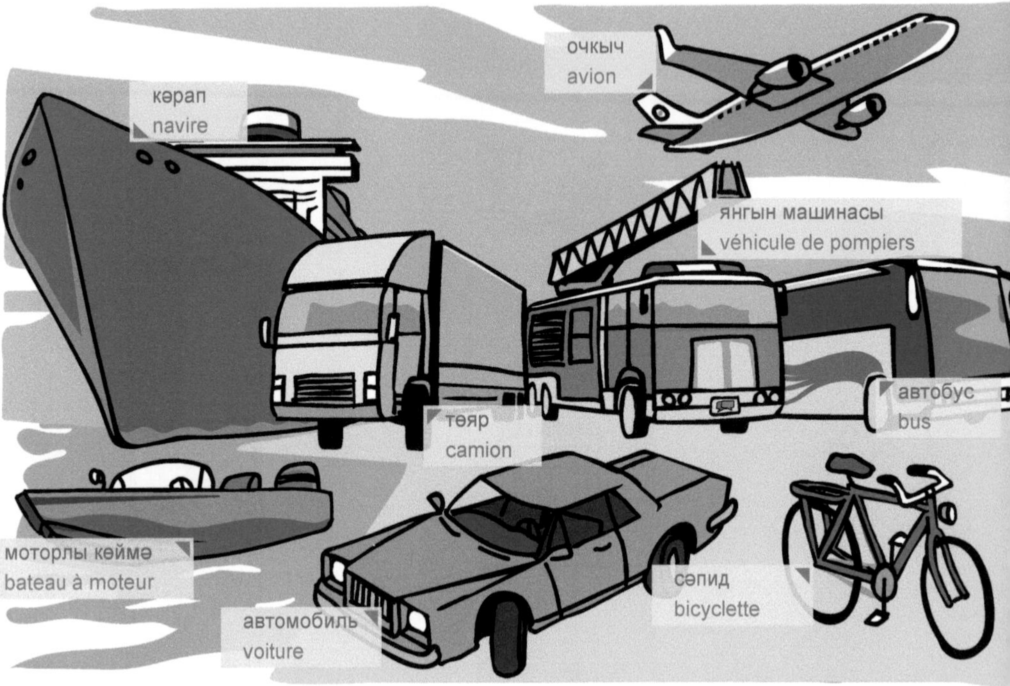

очкыч
avion

кәрап
navire

янгын машинасы
véhicule de pompiers

автобус
bus

төяр
camion

моторлы көймә
bateau à moteur

сәпид
bicyclette

автомобиль
voiture

борам

ferry

көймә

barque

мотоцикл

moto

полиция машинасы

voiture de police

узыш машинасы

voiture de course

киралык машина

voiture de location

каршеринг

auto-partage

тартучы

voiture de remorquage

чүп төяре

benne à ordures

мотор

moteur

ягулык

essence

бензинлек

station d'essence

трафик билгесе

panneau indicateur

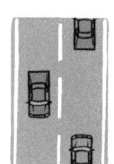

хәрәкәт

trafic

бөке

embouteillage

паркинг

parking

вокзал

gare

рельс

rails

поезд

train

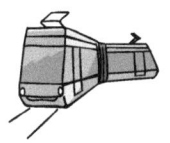

трамвай

tramway

вагон

wagon

боралак

hélicoptère

hава аланы

aéroport

манара

tour

юлчы

passager

контейнер

conteneur

алап

carton

йөк арбасы

chariot

сәбәт

corbeille

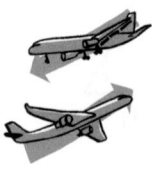

калку / төшү

décoller / atterrir

шәһәр

ville

авыл

village

шәһәр үзәге

centre-ville

йорт

maison

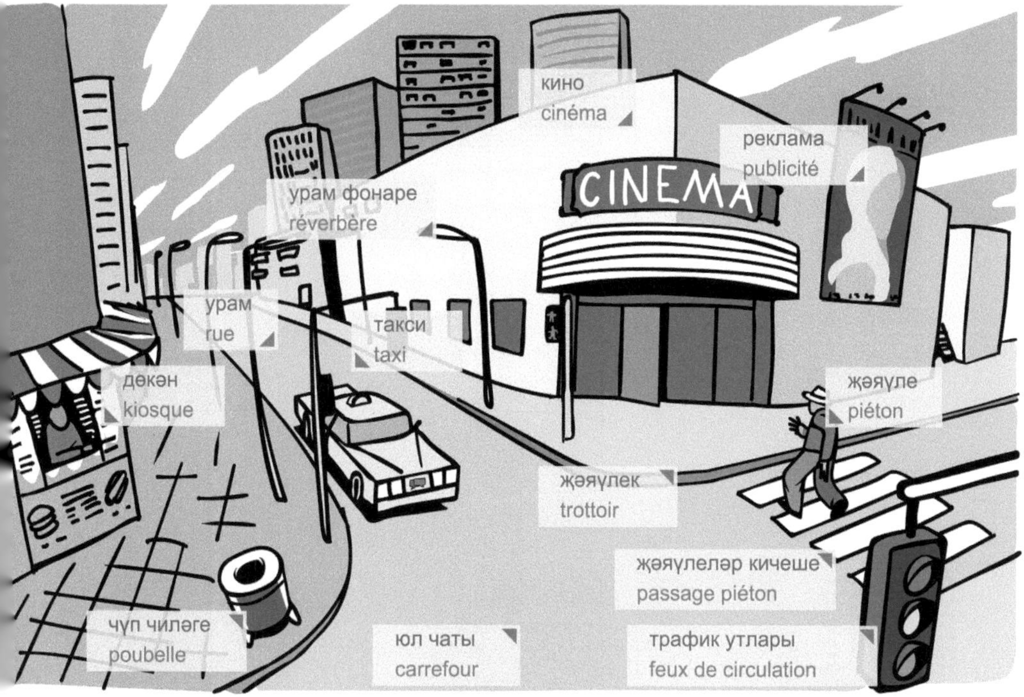

кино
cinéma

реклама
publicité

урам фонаре
réverbère

CINEMA

урам
rue

такси
taxi

дөкән
kiosque

җәяүле
piéton

җәяүлек
trottoir

җәяүлеләр кичеше
passage piéton

чүп чиләге
poubelle

юл чаты
carrefour

трафик утлары
feux de circulation

алачык

cabane

фатир

appartement

вокзал

gare

шәһәр хакимияте

mairie

ядкәрханә

musée

мәктәп

école

университет

université

банк

banque

хастаханә

hôpital

кунакханә

hôtel

даруханә

pharmacie

офис

bureau

китап кибете

librairie

кибет

magasin

чәчәк кибете

fleuriste

супермаркет

supermarché

базар

marché

зур кибет

grand magasin

балык кибете

poissonnerie

сәүдә үзәге

centre commercial

лиман

port

парк

parc

эскәмия

banque

күпер

pont

баскыч

escaliers

метро

métro

тоннель

tunnel

автобус тукталышы

arrêt de bus

бар

bar

ресторан

restaurant

ямыл тартмасы

boîte à lettres

урам билгесе

panneau indicateur

паркинг санагычы

parcmètre

хайван бакчасы

zoo

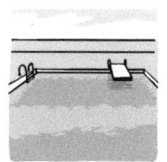

хәвезханә

piscine

мәчет

mosquée

ферма

ferme

керлелек

pollution

зират

cimetière

чиркәү

église

уен аланы

aire de jeux

гыйбадәтханә

temple

тирә-юнь

paysage

яфрак
feuille

юл күрсәткече
panneau indicateur

юл
chemin

болын
pré

таш
pierre

агач
arbre

йөрешче
randonneur

елга
rivière

үлән
herbe

чәчәк
fleur

үзән

vallée

калкулык

montagne

күл

lac

урман

forêt

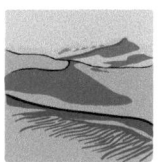

чүл

désert

янартау

volcan

ныгытма

château

салават күпере

arc-en-ciel

гөмбә

champignon

пальма

palmier

черки

moustique

чебен

mouche

кырмыска

fourmis

бал корты

abeille

үрмәкүч

araignée

тирә-юнь - paysage

15

коңгыз

coléoptère

бака

grenouille

тиен

écureuil

керпе

hérisson

куян

lièvre

ябалак

chouette

кош

oiseau

аккош

cygne

кабан дуңгызы

sanglier

болан

cerf

пошый

élan

туан

barrage

җир турбины

éolienne

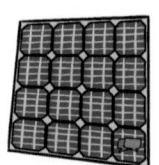

кояш панеле

panneau solaire

икълим

climat

ресторан
restaurant

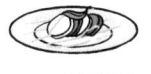

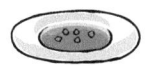

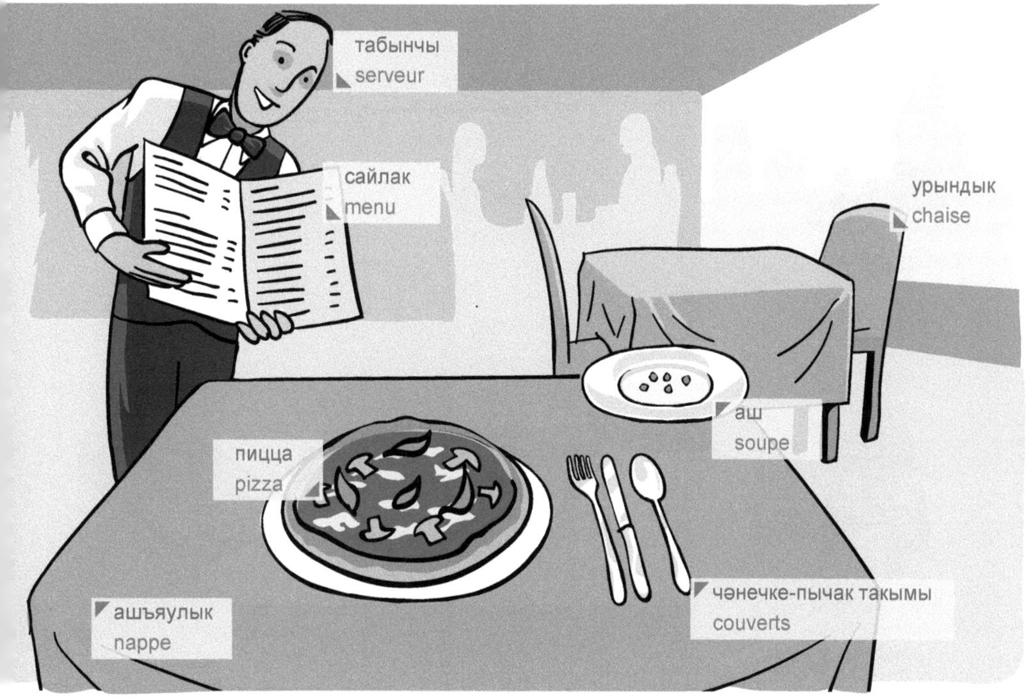
табынчы
serveur
сайлак
menu
урындык
chaise
аш
soupe
пицца
pizza
ашъяулык
nappe
чәнечке-пычак такымы
couverts

кабымлык

hors d'œuvre

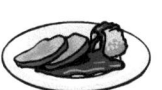

төп ашамлык

plat principal

татлы

dessert

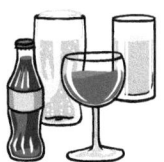

эчемлекләр

boissons

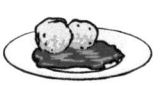

азык

alimentation

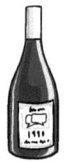

шешә

bouteille

фастфуд

fast-food

урам ризыгы

plats à emporter

чәйгүн

théière

шикәр савыты

sucrier

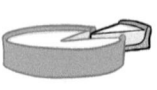

салым

portion

эспрессо машины

machine à expresso

биек урындык

chaise haute

хисап

facture

төгер

plateau

пычак

couteau

чәнечке

fourchette

кашык

cuillère

чәй кашыгы

cuillère à thé

тастымал

serviette

тустаган

verre

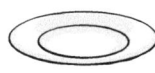

табак

assiette

аш табагы

assiette à soupe

җәйпәк

soucoupe

соус

sauce

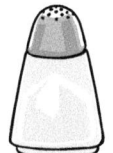

тоз савыты

salière

борыч тегермәне

moulin à poivre

серкә

vinaigre

сыек май

huile

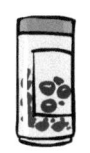

тәмләткеч

épices

кетчуп

ketchup

хәрдәл

moutarde

майонез

mayonnaise

супермаркет
supermarché

махсус тәкъдим
offre promotionnelle
FOR
сатып алучы
client
сөт эшләнмәләре
produits laitiers
җимеш
fruits
кибет арбасы
chariot

BUTCHERS

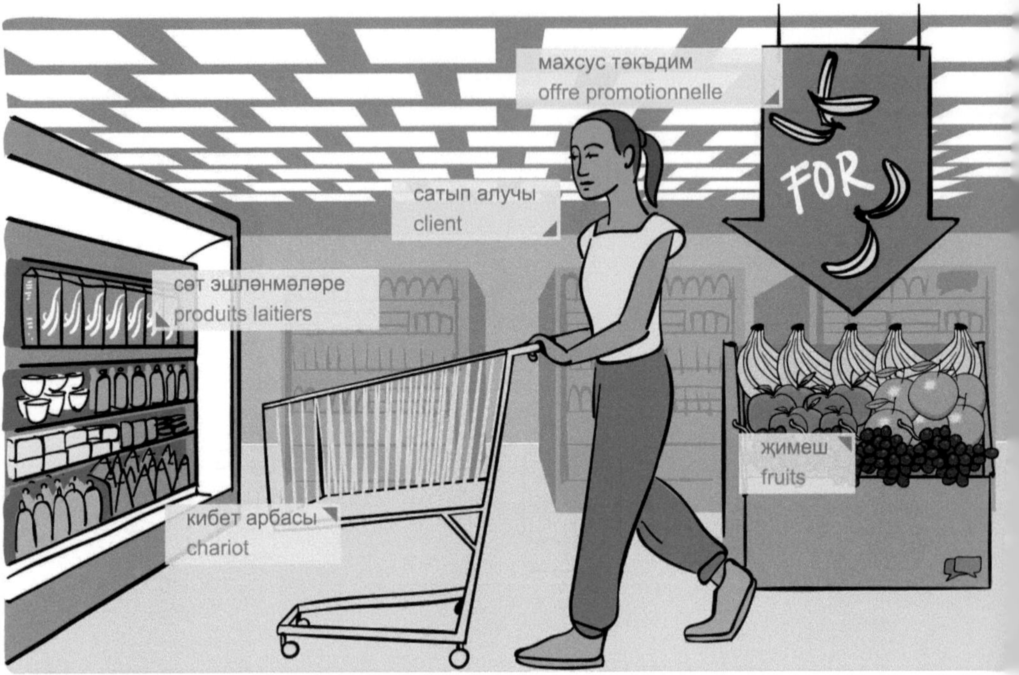

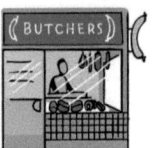

ит кибете

boucherie

BAKERY

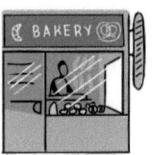

икмәкханә

boulangerie

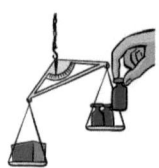

үлчәү

peser

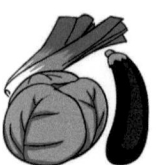

яшелчә

légumes

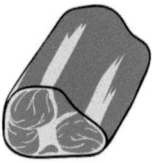

ит

viande

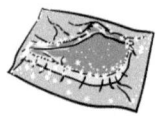

туңдырылган ашамлыклар

aliments surgelés

суык ит

charcuterie

кәнсирләнгән ашамлык

conserves

кер юу порошогы

poudre à lessive

шикәрләмәләр

bonbons

өй эшләнмәләре

articles ménagers

тәмизлек эшләнмәләре

détergents

сатучы

vendeuse

язучы касса

caisse

кассир

caissier

сатып алу исемлеге

liste d'achats

эш вакыты

heures d'ouverture

калта

portefeuille

кредит кәрте

carte de crédit

букча

sac

пластик капчык

sac en plastique

су

eau

сут

jus de fruit

сөт

lait

кола

coca

шәраб

vin

сыра

bière

хәмер

alcool

какао

chocolat chaud

чәй

thé

каһвә

café

эспрессо

expresso

капучино

cappuccino

банан

banane

алма

pomme

әфлисун

orange

карбыз

melon

лимон

citron

кишер

carotte

сарымсак

ail

бамбук

bambou

суган

oignon

гөмбә

champignon

чикләвекләр

noisettes

токмач

pâtes

спагетти

spaghetti

дөге

riz

салат

salade

чипсы

pommes frites

кыздырылган бәрәңге

pommes de terre rôties

пицца

pizza

гамбургер

hamburger

сэндвич

sandwich

кәтлит

escalope

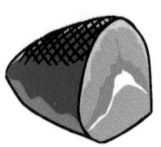

ветчина

jambon

салями

salami

сосиска

saucisse

тавык

poulet

кыздырма

rôti

балык

poisson

солы измәсе

flocons d'avoine

мюсли

muesli

мәккәй кетердеге

cornflakes

он

farine

круассан

croissant

ипи түгәрәге

petits-pains

икмәк

pain

тост

pain grillé

кәтәрмәч

biscuits

май

beurre

эремчек

le fromage blanc

кейк

gâteau

йомырка

œuf

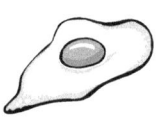

тәбә

œuf au plat

сыр

fromage

туңдырма

glace

шикәр

sucre

бал

miel

кайнатма

confiture

шоколад измәсе

crème nougat

карри

curry

ферма

ferme

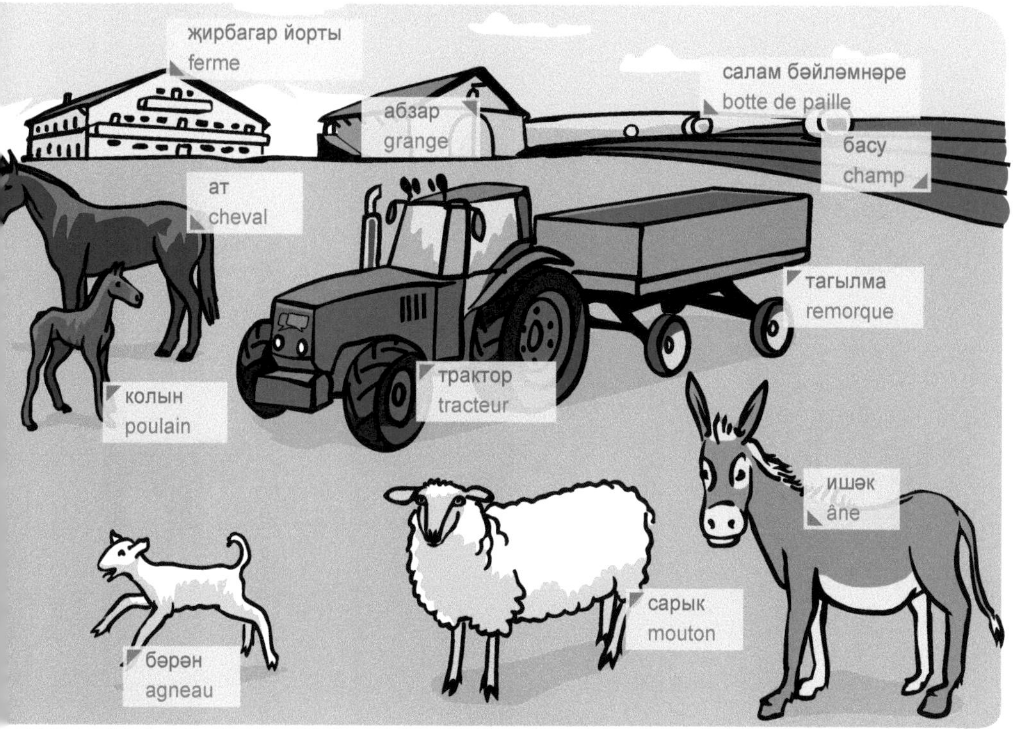
жирбагар йорты
ferme
абзар
grange
салам бәйләмнәре
botte de paille
басу
champ
ат
cheval
тагылма
remorque
трактор
tracteur
колын
poulain
ишәк
âne
сарык
mouton
бәрән
agneau

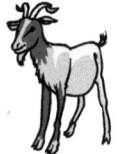

кәҗә

chèvre

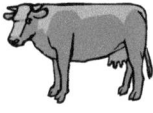

сыер

vache

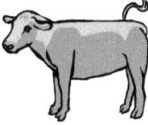

бозау

veau

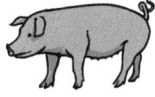

дуңгыз

porc

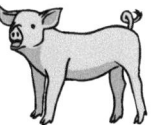

дуңгыз баласы

porcelet

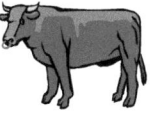

үгез

taureau

каз

oie

үрдәк

canard

чеби

poussin

тавык

poule

әтәч

coq

күсе

rat

песи

chat

тычкан

souris

эш үгезе

bœuf

эт

chien

эт оясы

chenil

бакча хортумы

tuyau de jardin

сусипкеч

arrosoir

чалгы

faucheuse

сабан

charrue

урак

faucille

китмән

pioche

сәнәк

fourche

балта

hache

кул арбасы

brouette

тагарак

cuve

сөт чиләге

pot à lait

капчык

sac

койма

clôture

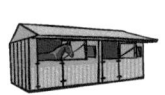

абзар

étable

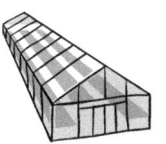

эссеханә

serre

туфрак

sol

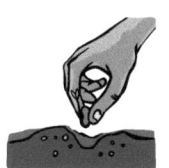

орлык

semences

ашлама

engrais

комбайн

moissonneuse-batteuse

уңыш җыярга
....
récolter

уңыш
....
récolte

ям
....
igname

бодай
....
blé

соя
....
soja

бәрәңге
....
pomme de terre

мәккәй
....
maïs

рапс
....
colza

җимеш агачы
....
arbre fruitier

маниок
....
manioc

бөртеклеләр
....
céréales

йорт

maison

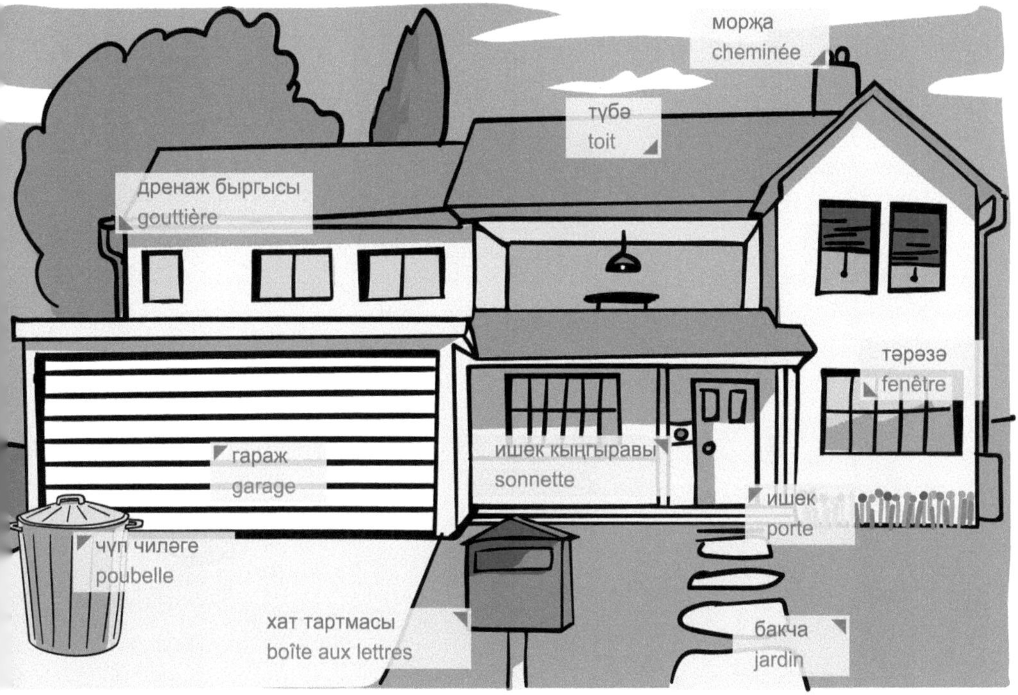

моржа
cheminée
түбә
toit
дренаж быргысы
gouttière
тәрәзә
fenêtre
гараж
garage
ишек кыңгыравы
sonnette
ишек
porte
чүп чиләге
poubelle
хат тартмасы
boîte aux lettres
бакча
jardin

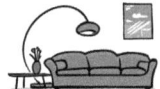

кунак бүлмәсе

salon

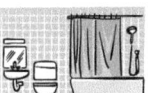

юыну бүлмәсе

salle de bain

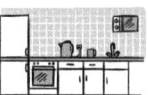

аш бүлмәсе

cuisine

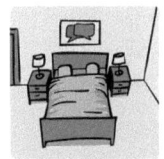

ятак бүлмәсе

chambre à coucher

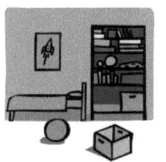

бала бүлмәсе

chambre d'enfant

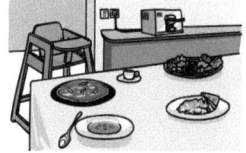

аш бүлмәсе

salle à manger

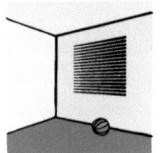

идән

sol

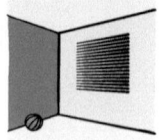

дивар

mur

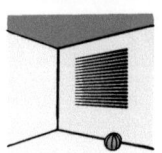

түшəм

plafond

түлə

cave

сауна

sauna

балкон

balcon

терраса

terrasse

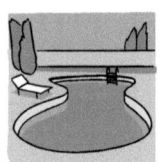

хəвез

piscine

чирəмчапкыч

tondeuse à gazon

җəймə

housse

ятак япмасы

couette

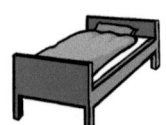

ятак

lit

себерке

balai

чилəк

sceau

өзгеч

interrupteur

кунак бүлмәсе
salon

дивар кәгазе
papier peint
räsem
image
лампа
lampe
киштә
étagère
дулап
armoire
телевизия
télé
чуал
cheminée
чәчәк
fleur
мендәр
coussin
диван
sofa
нәлбәк
vase
ерактан боерма
télécommande

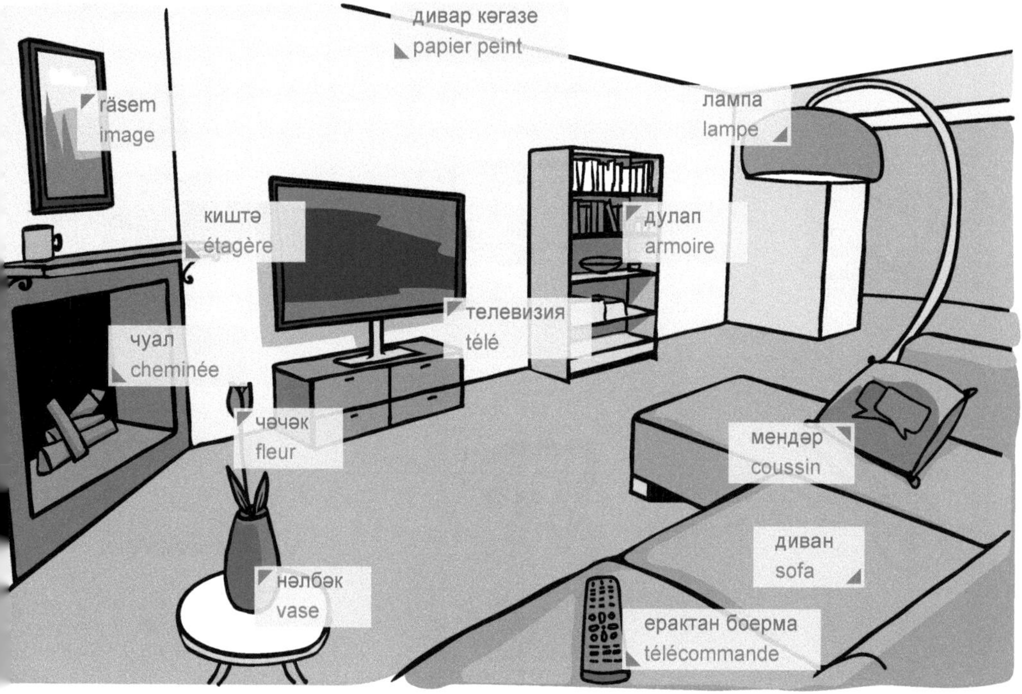

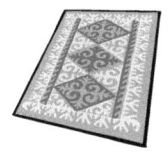

келәм

tapis

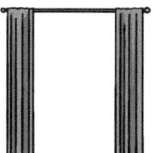

пәрдә

rideau

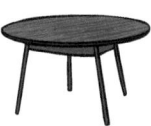

өстәл

table

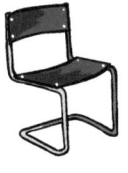

урындык

chaise

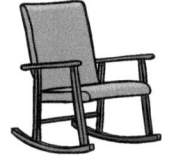

тирбәлмә урындык

chaise à bascule

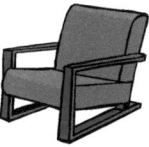

кәнәфи

fauteuil

китап

livre

япма

couverture

декор

décoration

утын

bois de chauffage

фильм

film

hi-fi

chaîne hi-fi

ачкыч

clé

гәжит

journal

сурәт

peinture

постер

poster

радио

radio

куен дәфтәре

bloc-notes

тузансуыргыч

aspirateur

кактус

cactus

шәм

bougie

аш бүлмәсе
cuisine

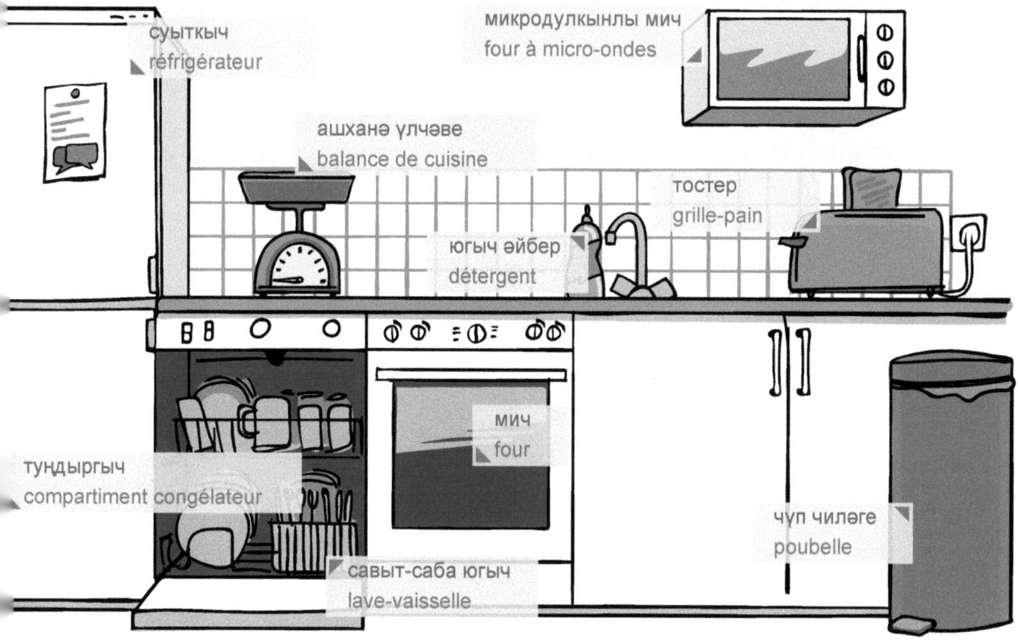
суыткыч
réfrigérateur
микродулкынлы мич
four à micro-ondes
ашханә үлчәве
balance de cuisine
тостер
grille-pain
югыч әйбер
détergent
мич
four
туңдыргыч
compartiment congélateur
чүп чиләге
poubelle
савыт-саба югыч
lave-vaisselle

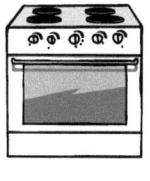

әүсәк

four

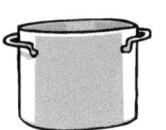

саган

casserole

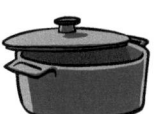

чуен саган

marmite

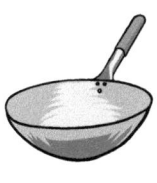

вок

wok / kadai

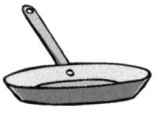

таба

poêle

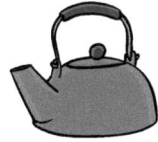

чәйгүн

bouilloire electrique

булы пешергеч

cuiseur vapeur

калай

plaque de cuisson

савыт-саба

vaisselle

тәгәч

gobelet

касә

coupe

ашау таякчыклары

baguettes

уҗау

louche

спатула

spatule

туглагыч

fouet

сөзгеч

passoire

иләк

tamis

кыргыч

râpe

киле

mortier

барбекю

barbecue

ачык учак

cheminée

такта

planche à découper

уклау

rouleau à pâtisserie

бөке суыргыч

tire-bouchon

металл тартма

boîte

кәнсир ачкыч

ouvre-boîte

мич бияләе

maniques

киршән

lavabo

фырча

brosse

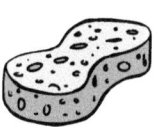

болыт

éponge

блендер

mixeur

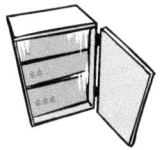

тирән туңдыргыч

congélateur

имезлекле шешә

biberon

чөмәк

robinet

юыну бүлмәсе

salle de bain

җылыту
chauffage
сөлге
serviette
душ
douche
душ пәрдәсе
rideau de douche
күбекле ванна
bain moussant
ванна
baignoire
тустаган
verre
кер югыч
machine à laver
чөмәк
robinet
фаянс
carrelage
лаземлек
pot
киршән
lavabo

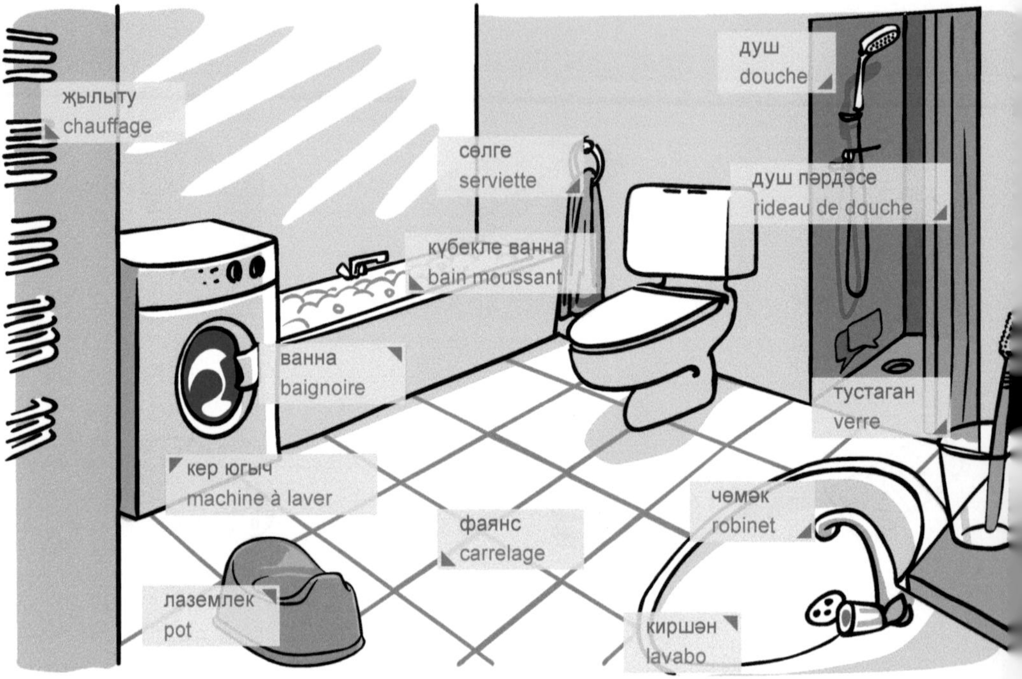

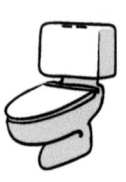

бәдрәф

toilettes

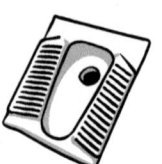

төрекчә бәдрәф

toilette à la turque

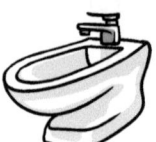

биде

bidet

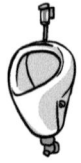

писсуар

urinoir

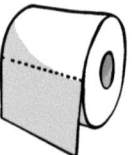

бәдрәф кәгазе

papier toilette

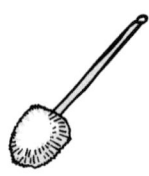

бәдрәф фырчасы

brosse à toilette

теш фырчасы

brosse à dents

теш мәгъжүне

dentifrice

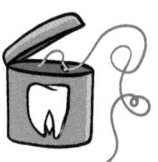

теш җебе

fil dentaire

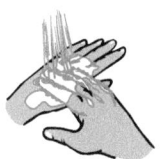

юарга

laver

душ башлыгы

douche manuelle

душ

douche intime

киршән

vasque

арка фырчасы

brosse dorsale

сабын

savon

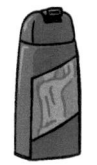

душ сеңәле

gel douche

шампунь

shampooing

мунчала

gant de toilette

агым

écoulement

крем

crème

дезодорант

déodorant

көзге

miroir

кул көзгесе

miroir cosmétique

өстәрә

rasoir

кырыну күбеге

mousse à raser

кырыну лосьоны

après-rasage

тарак

peigne

щётка

brosse

фен

sèche-cheveux

чәч спрее

laque pour cheveux

макияж

fond de teint

ирен иннеге

rouge à lèvres

тырнак жәләсе

vernis à ongles

мамык

ouate

тырнак кайчысы

coupe-ongles

хушбуй

parfum

макияж букчасы

trousse de toilette

утыргыч

tabouret

үлчәү

pèse-personne

чоба

peignoir

резин иләсә

gants de nettoyage

тампон

tampon

һигиеник пәд

serviettes hygiéniques

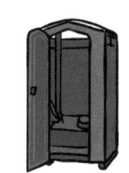

химияви бәдрәф

toilette chimique

бала бүлмәсе
chambre d'enfant

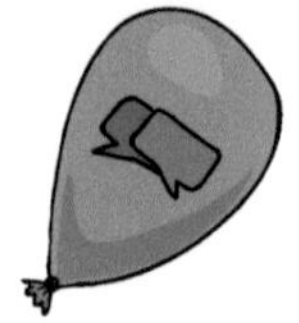

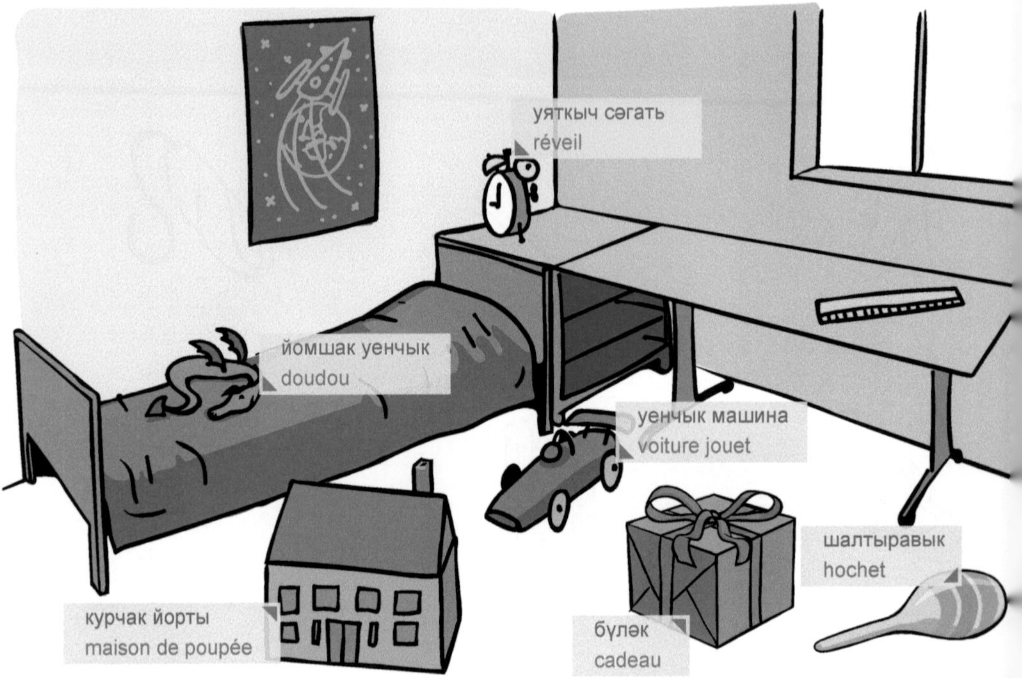

уяткыч сәгать
réveil
йомшак уенчык
doudou
уенчык машина
voiture jouet
шалтыравык
hochet
курчак йорты
maison de poupée
бүләк
cadeau

һава шары

ballon

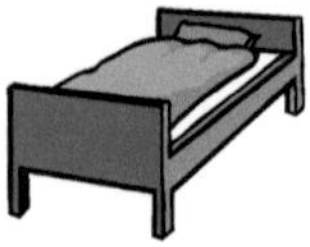

ятак

lit

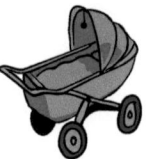

бәби арбасы

poussette

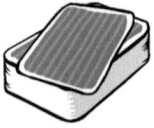

кәрт дәстәсе

jeu de cartes

пазл

puzzle

SUPER MEGA

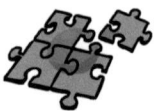

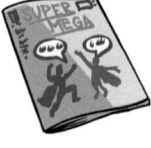

комикс

bande dessinée

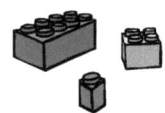

лего кирпечләре

pièces lego

шакмаклар

blocs de construction

уен сынчыгы

figurine

зыбын

grenouillère

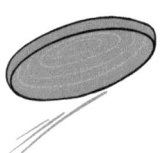

фрисби

frisbee

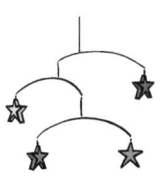

мобиль

mobile

өстәл уены

jeu de société

уен ташы

dé

поезд моделе җыелмасы

train miniature

имезлек

sucette

кичә

fête

рәсемле китап

livre d'images

туп

balle

курчак

poupée

уйнарга

jouer

комлык
bac à sable

таган
balançoire

уенчыклар
jouets

уен кушмасы
console de jeu

өч көпчәкле сәпид
tricycle

уенчык аю
ours en peluche

кием дулабы
armoire

кием

vêtements

оекбаш
chaussettes

оек
bas

оегыштан
collant

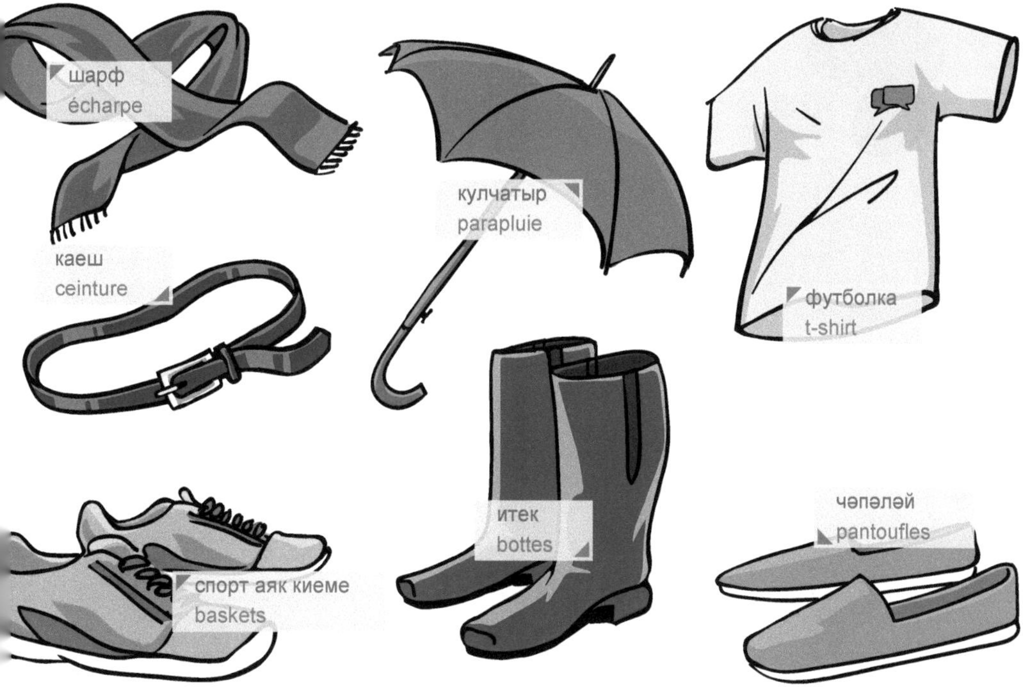

шарф
écharpe

каеш
ceinture

кулчатыр
parapluie

футболка
t-shirt

спорт аяк киеме
baskets

итек
bottes

чөпәләй
pantoufles

сандаллар
sandales

аяк киеме
chaussures

резин итек
bottes de caoutchouc

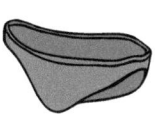

тәнбан
sous-vêtements

түшти
soutien-gorge

җәләк
maillot de corps

кием - vêtements

боди
body

чалбар
pantalon

джинс
jean

итәк
jupe

блузка
chemisier

күлмәк
chemise

свитер
pull

худи
sweat à capuche

блейзер
veste

жакет
veste

бишмәт
manteau

яңгырлык
imperméable

кәчтүм
costume

күлмәк
robe

туй күлмәге
robe de mariée

такым кием

costume

төнге күлмәк

chemise de nuit

пижама

pyjama

сари

sari

яулык

foulard

чалма

turban

бурка

burqa

чапан

caftan

абая

abaya

коену киеме

maillot de bain

йөзү тәнбаны

maillot de bain

шорт

short

спорт киеме

tenue d'entraînement

алъяпкыч

tablier

иләсә

gants

төймә

bouton

күзлек

lunettes

беләзек

bracelet

муенса

collier

балдак

bague

алка

boucle d'oreille

кәпәч

bonnet

элгеч

cintre

эшләпә

chapeau

галстук

cravate

зынҗыр

fermeture éclair

очлам

casque

чалбар асмасы

bretelles

мәктәп формасы

uniforme scolaire

форма

uniforme

балалар күкрәкчәсе

bavoir

имезлек

sucette

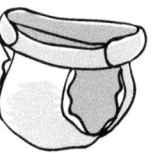

күзәлә

lange

офис
bureau

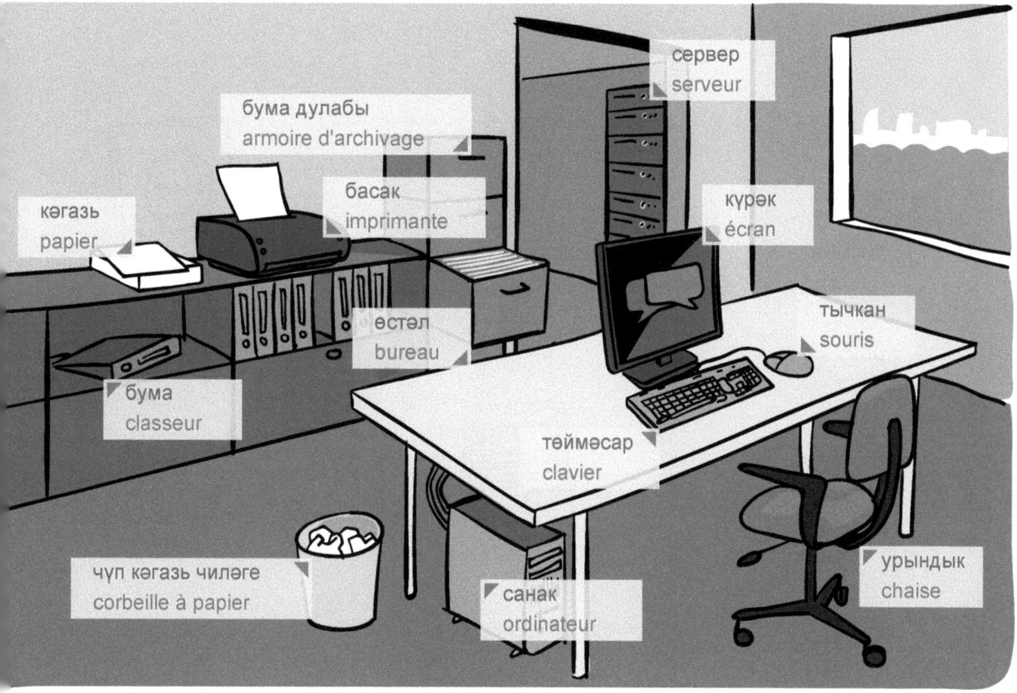

сервер
serveur

бума дулабы
armoire d'archivage

басак
imprimante

кәгазь
papier

күрәк
écran

өстәл
bureau

тычкан
souris

бума
classeur

төймәсар
clavier

чүп кәгазь чиләге
corbeille à papier

урындык
chaise

санак
ordinateur

кaһвә тәгәче

tasse de café

сансанар

calculatrice

интернет

internet

ләптоп

ordinateur portable

хат

lettre

хәбәр

message

кесә телефоны

portable

челтәр

réseau

фотокопияче

photocopieuse

програм тәэминаты

logiciel

телефон

téléphone

аергыч

prise

факс

fax

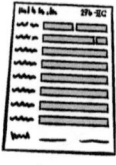

форм

formulaire

документ

document

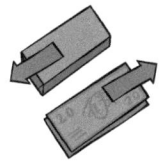

сатып алырга

acheter

түләргә

payer

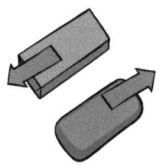

сәүдә итәргә

faire du commerce

акча

monnaie

USD

доллар

dollar

EUR

евро

euro

JPY

иена

yen

RUB

сум

rouble

CHF

франк

franc suisse

CNY

юан

renminbi yuan

INR

рупи

roupie

банкомат

distributeur automatique

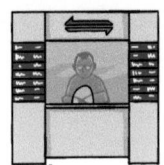

валюта бюросы

bureau de change

алтын

or

көмеш

argent

карамай

pétrole

энергия

énergie

бәя

prix

контракт

contrat

салым

taxe

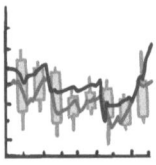

сток

action

эшләргә

travailler

эшче

employé

эш бирүче

employeur

фабрика

usine

кибет

magasin

hөнәрләр
professions

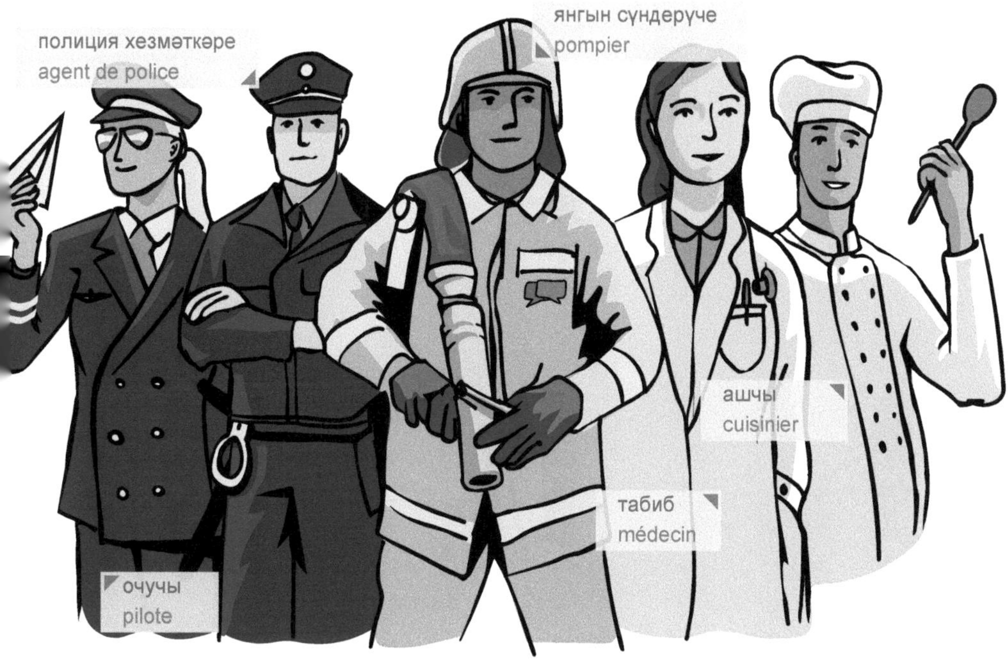
полиция хезмәткәре
agent de police
янгын сүндерүче
pompier
ашчы
cuisinier
табиб
médecin
очучы
pilote

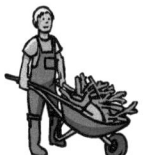

бакчачы

jardinier

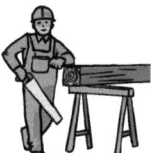

агач остасы

menuisier

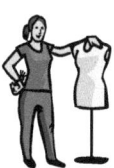

тегүче

couturière

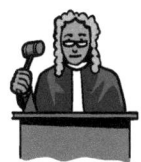

хөкемче

juge

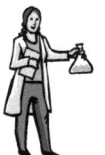

химияче

chimiste

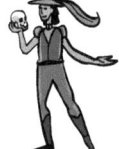

актер

acteur

автобус йөртүче

conducteur de bus

таксиче

chauffeur de taxi

балыкчы

pêcheur

җыештыручы хатын

femme de ménage

түбә ябучы

couvreur

табынчы

serveur

аучы

chasseur

рәссам

peintre

икмәкче

boulanger

электрчы

électricien

төзүче

ouvrier

мөһәндис

ingénieur

итче

boucher

чөмәкче

plombier

ямылчы

facteur

гаскәри

soldat

мигъмар

architecte

кассир

caissier

чәчәкче

fleuriste

чәчтараш

coiffeur

кондуктор

contrôleur

механик

mécanicien

капитан

capitaine

теш табибы

dentiste

галим

scientifique

раввин

rabbin

имам

imam

кәшиш

moine

рухани

prêtre

алəтлəр
outils

чүкеч
marteau
каргаборын
pinces
шөрепборгыч
tournevis
инглиз ачкычы
clé
кул фонаре
torche

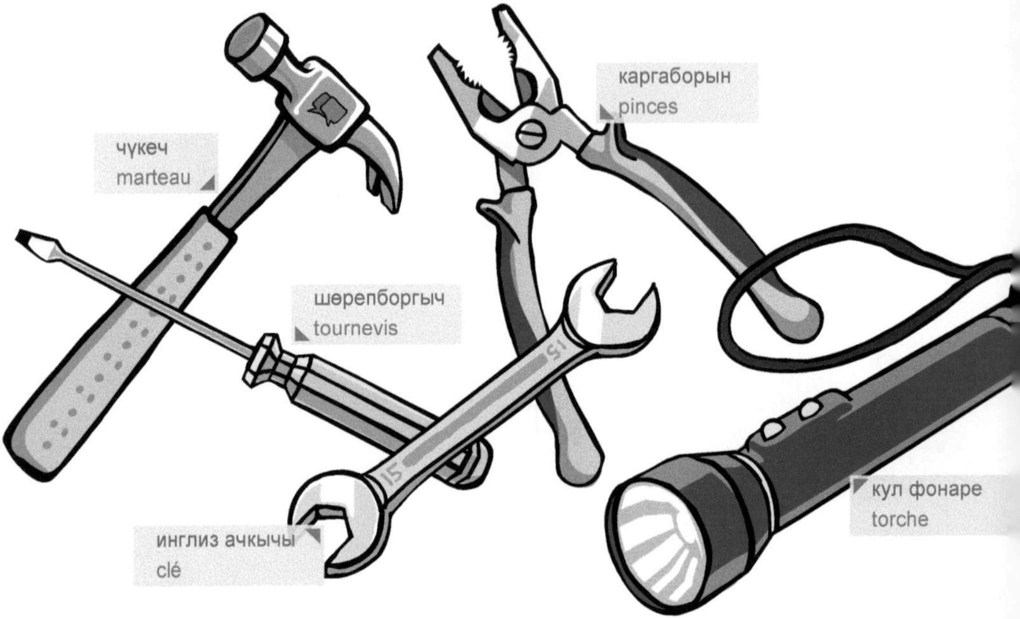

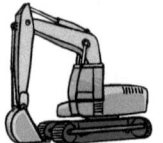

казу машинасы

pelleteuse

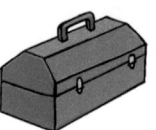

алəт букчасы

boîte à outils

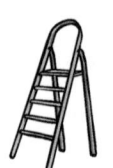

баскыч

échelle

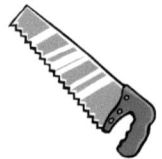

пычкы

scie

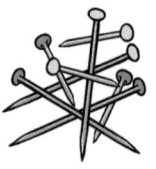

кадаклар

clous

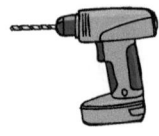

дрель

perceuse

төзәтергә

réparer

көрәк

pelle

Шайтан алгыры!

Mince !

соскы

pelle

буяу савыты

pot de peinture

мыклар

vis

музыка аләтләре

instruments de musique

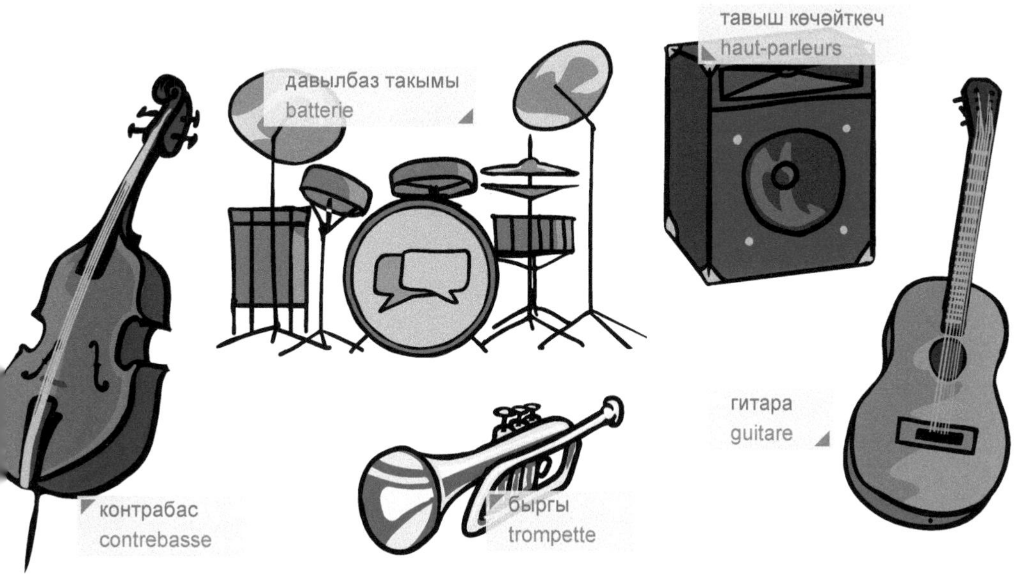

тавыш көчәйткеч
haut-parleurs

давылбаз такымы
batterie

гитара
guitare

контрабас
contrebasse

бырғы
trompette

пианино

piano

кәман

violon

бас-гитара

basse

тимпани

timbales

давылбаз

tambour

төймәсар

piano électrique

саксофон

saxophone

флейта

flûte

микрофон

microphone

хайван бакчасы

zoo

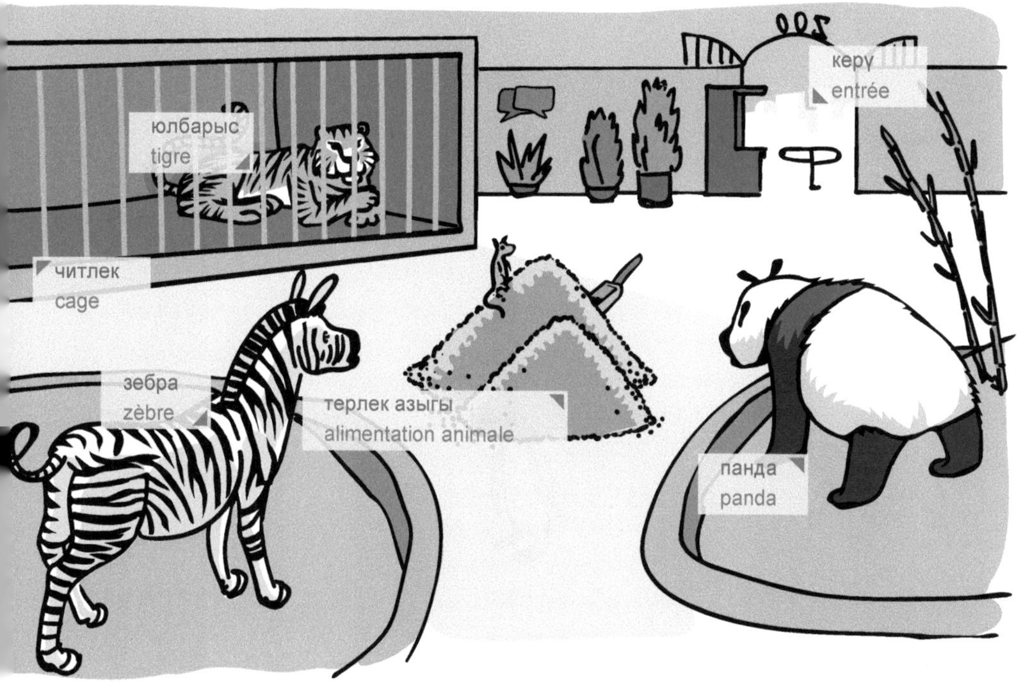
керу
entrée
юлбарыс
tigre
читлек
cage
зебра
zèbre
терлек азыгы
alimentation animale
панда
panda

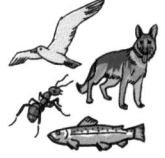

хайваннар

animaux

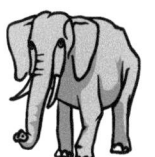

фил

éléphant

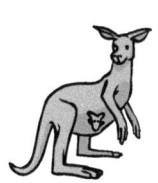

кенгерә

kangourou

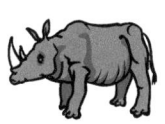

кәркәдән

rhinocéros

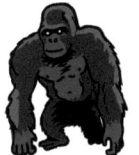

горилла

gorille

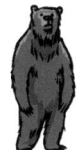

аю

ours

дөя
chameau

тәвә кошы
autruche

арыслан
lion

маймыл
singe

фламинго
flamand rose

тутый кош
perroquet

ак аю
ours polaire

пингвин
pingouin

күпек балыгы
requin

тавис
paon

елан
serpent

тимсах
crocodile

хайван бакчасы хезмәткәре
gardien de zoo

су эте
phoque

ягуар
jaguar

пони

poney

каплан

léopard

су айгыры

hippopotame

зөрәфә

girafe

бөркет

aigle

кабан дуңгызы

sanglier

балык

poisson

ташбака

tortue

морж

morse

төлке

renard

газәл

gazelle

Америка футболы
american Football

сәпид
cyclisme

теннис
tennis

баскетбол
basket-ball

йөзү
natation

хоккей
hockey sur glace

бокс
boxe

футбол
football

бадминтон
badminton

атлетика
athlétisme

гандбол
handball

чаңгы
ski

поло
polo

иткенлекләр
activités

сикерергә
sauter
кочакларга
embrasser
көләргә
rire
йөрергә
marcher
җырларга
chanter
хыялланырга
rêver
гыйбадәт кылырга
prier
үбәргә
faire la bise

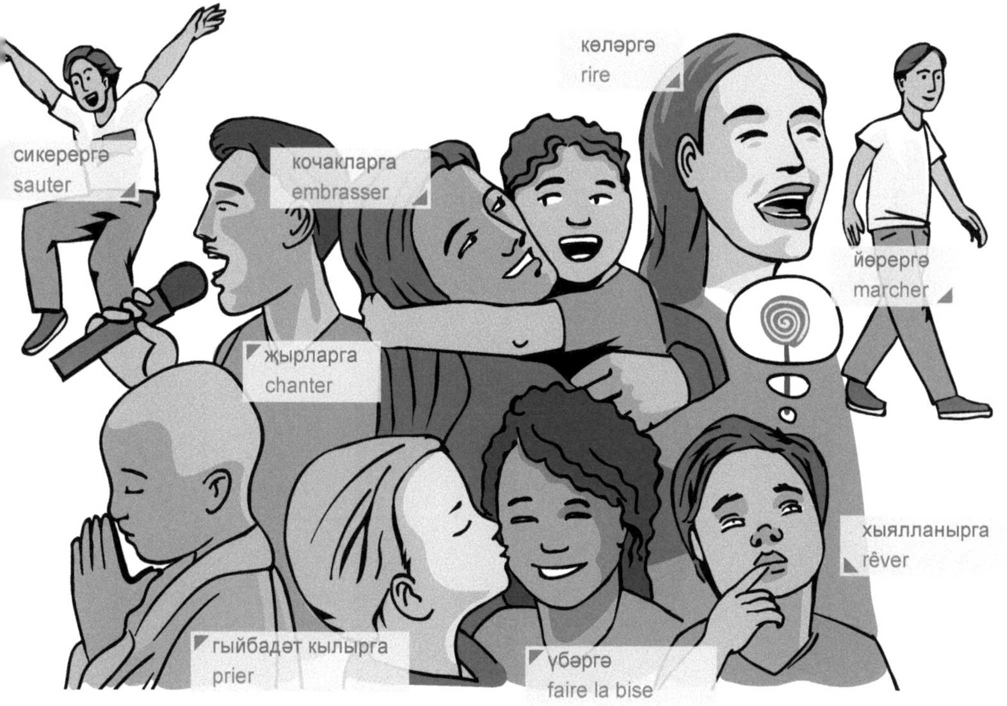

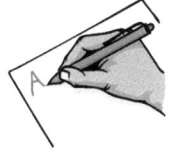

язарга
écrire

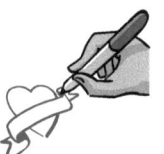

рәсем ясарга
dessiner

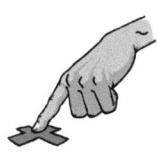

күрсәтергә
montrer

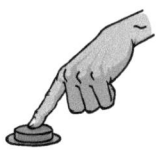

этәргә
pousser

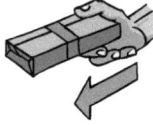

бирергә
donner

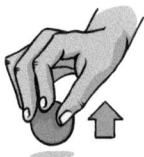

алырга
prendre

ия булырга

avoir

эшләргә

faire

булырга

être

басып торырга

être debout

йөгерергә

courir

тартырга

trier

ташларга

jeter

егылырга

tomber

ятарга

être couché

көтәргә

attendre

ташырга

porter

утырырга

être assis

киенергә

s'habiller

йокларга

dormir

уянырга

se réveiller

карарга

regarder

еларга

pleurer

сыйпарга

caresser

тарарга

peigner

сөйләшергә

parler

аңларга

comprendre

сорарга

demander

тыңларга

écouter

эчәргә

boire

ашарга

manger

җыештырынырга

ranger

сәярга

aimer

пешерергә

cuire

сөрергә

conduire

очарга

voler

диңгезгә ачылу

faire de la voile

исәпләү

calculer

укырга

lire

өйрәнергә

apprendre

эшләргә

travailler

өйләнергә

se marier

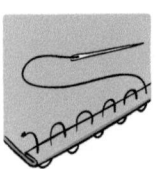

тегәргә

coudre

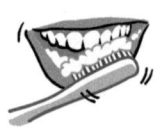

теш фырчаларга

brosser les dents

үтерергә

tuer

тәмәке тартырга

fumer

җибәрергә

envoyer

гаилә
famille

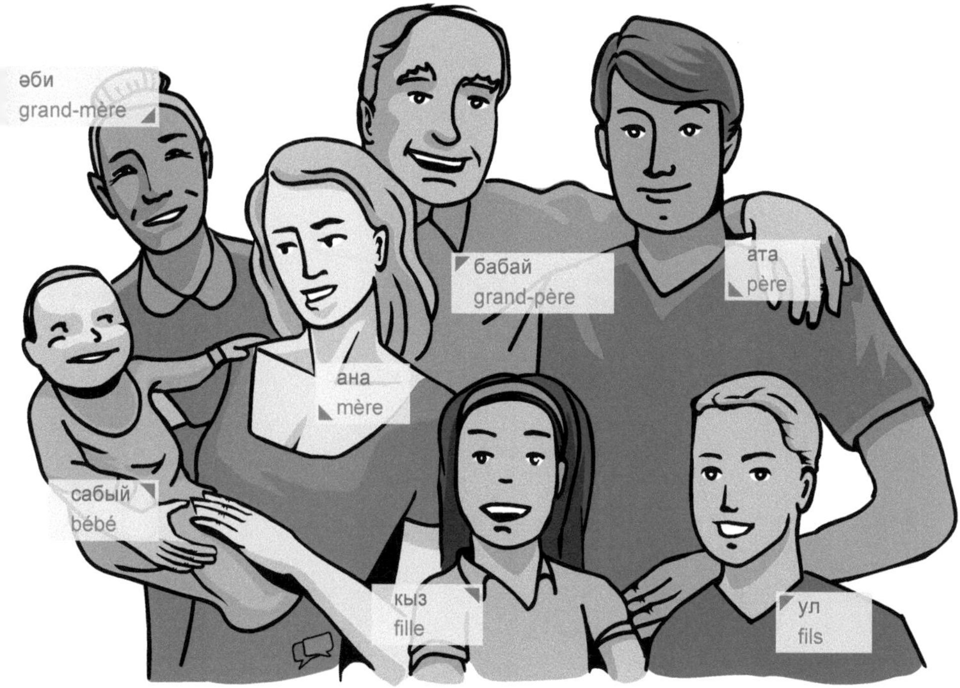

әби
grand-mère
бабай
grand-père
ата
père
ана
mère
сабый
bébé
кыз
fille
ул
fils

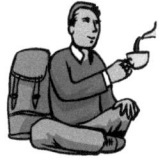

кунак

hôte

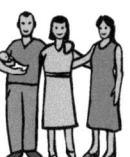

апа

tante

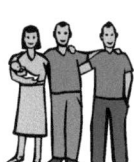

абый

oncle

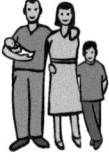

абый / эне

frère

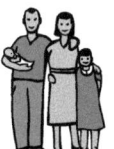

апа / сеңел

sœur

тән

corps

маңгай
front
күз
œil
иңбаш
épaule
бармак
doigt
бит
visage
ияк
menton
кул чугы
main
аяк
jambe
күкрәк
poitrine
кул
bras

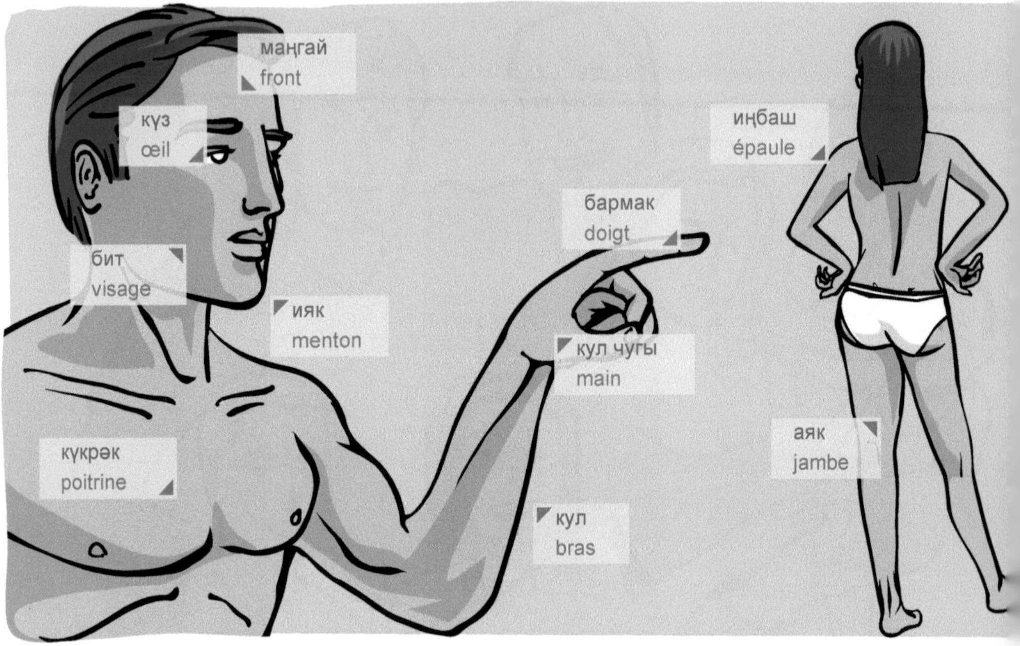

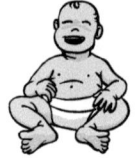

сабый

bébé

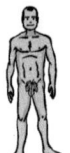

ир

homme

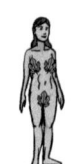

хатын

femme

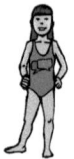

кыз

fille

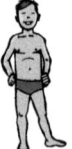

малай

garçon

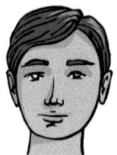

баш

tête

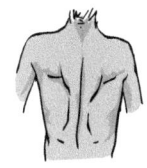

арка

dos

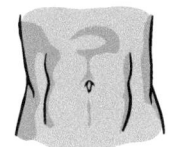

эч

ventre

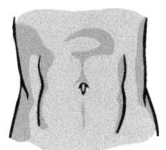

кендек

nombril

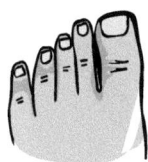

аяк бармагы

orteil

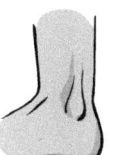

үкчә

talon

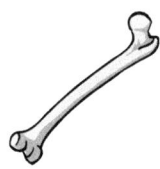

сөяк

os

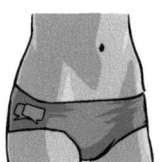

бот

hanche

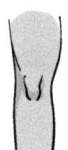

тез

genou

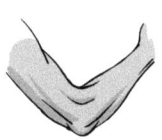

терсәк

coude

борын

nez

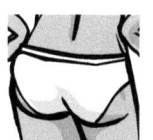

арт сан

fesses

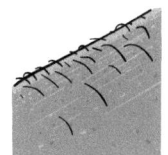

тире

peau

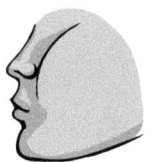

яңак

joue

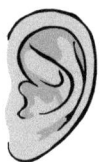

колак

oreille

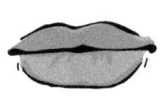

ирен

lèvre

авыз

bouche

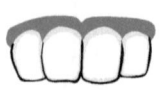

теш

dent

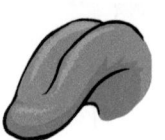

тел

langue

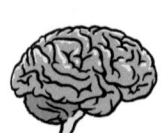

ми

cerveau

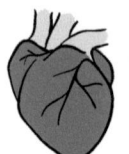

йөрәк

cœur

газлә

muscle

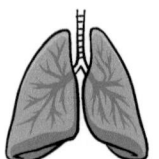

үпкә

poumons

бавыр

foie

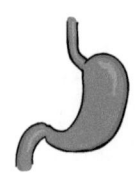

ашказаны

estomac

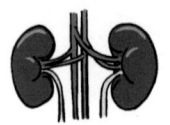

бөерләр

reins

секс

rapport sexuel

презерватив

préservatif

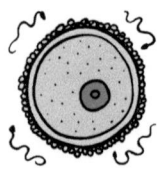

күкәй күзәнәк

ovule

мәни

sperme

көмән

grossesse

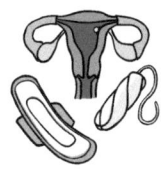

күрем

menstruation

вагина

vagin

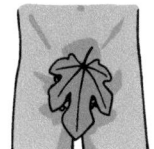

пенис

pénis

каш

sourcil

чәчләр

cheveux

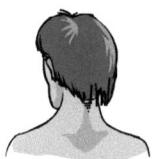

муен

cou

хастаханә

hôpital

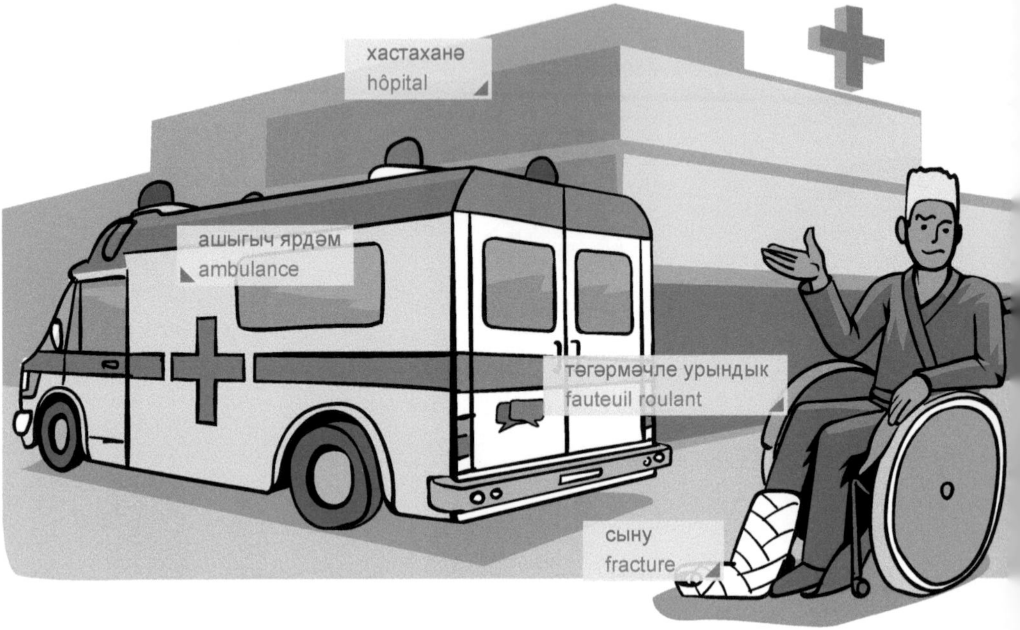

хастаханә
hôpital
ашыгыч ярдәм
ambulance
тәгәрмәчле урындык
fauteuil roulant
сыну
fracture

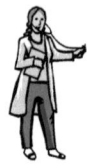

табиб

médecin

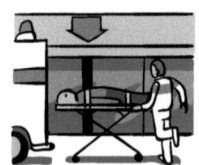

ашыгыч ярдәм бүлмәсе

service des urgences

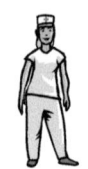

шәфкать туташы

infirmière

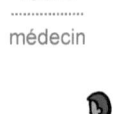

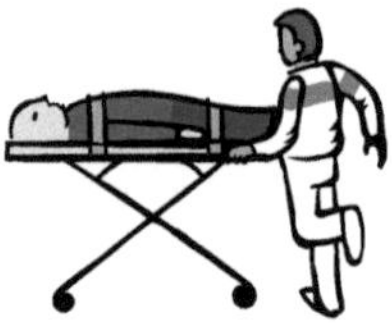

кичектергесез хәл

urgence

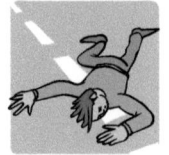

аңсыз

inconscient

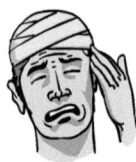

авырту

douleur

җәрәхәтләнү

blessure

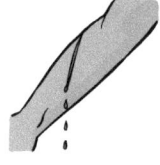

кан агу

hémorragie

инфаркт

crise cardiaque

инсульт

attaque cérébrale

аллергия

allergie

ютәл

toux

кызу

fièvre

грипп

grippe

эч киту

diarrhée

баш авырту

mal de tête

яман шеш

cancer

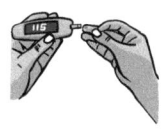

диабет

diabète

хирург

chirurgien

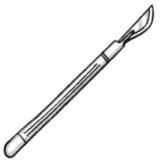

скальпель

scalpel

гамәлият

opération

CT
CT

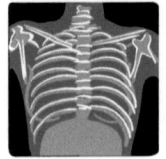

рентген
radiographie

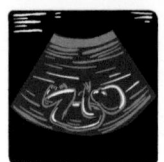

ультратавыш
échographie

битлек
masque

авыру
maladie

көтү бүлмәсе
salle d'attente

култык таягы
béquille

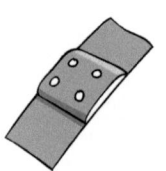

пластырь
pansement

бәйләвеч
pansement

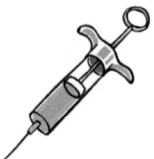

кадау
injection

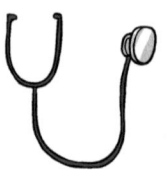

стетоскоп
stéthoscope

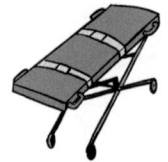

сәдия
brancard

клиник термометр
thermomètre

туу
accouchement

артык авырлык
surcharge pondérale

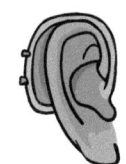

ишетү җиһазы

appareil auditif

дезинфектант

désinfectant

йогыш

infection

вирус

virus

КИВ / БИДС

VIH / sida

дару

médicament

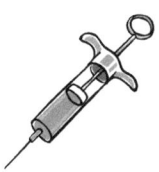

вакциналану

vaccination

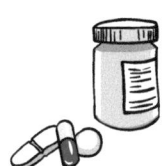

таблетлар

comprimés

контрацептив таблет

pilule

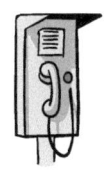

ашыгыч чакыру

appel d'urgence

кан басымы үлчәгече

tensiomètre

авыру / сәламәт

malade / sain

Коткарыгыз!

Au secours !

хәвеф тавышы

alarme

hөҗүм

assaut

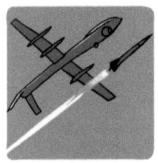

hөҗүм

attaque

куркыныч

danger

ашыгыч чыгу

sortie de secours

Янгын!

Au feu!

ут сүндергеч

extincteur

каза

accident

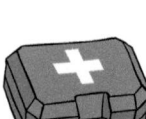

беренче ярдәм букчасы

trousse de premier secours

SOS

SOS

полиция

police

Аурупа

Europe

Төньяк Америка

Amérique du Nord

Көньяк Америка

Amérique du Sud

Африка

Afrique

Азия

Asie

Австралия

Australie

Атлантик океан

Océan atlantique

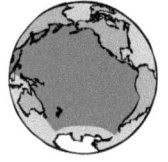

Тын океан

Océan pacifique

Һинд океаны

Océan indien

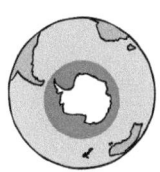

Антарктик океан

Océan antarctique

Арктик океан

Océan arctique

Төньяк котып

pôle nord

Көньяк котып

pôle sud

Антарктика

Antarctique

Җир

terre

коры җир

pays

диңгез

mer

утрау

île

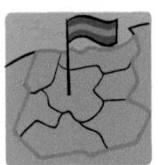

милләт

nation

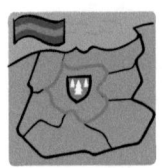

дәүләт

état

сәгать бите

cadran

сәгать угы

aiguille des heures

минут угы

aiguille des minutes

секунд угы

aiguille des secondes

Сәгать ничә?

Quelle heure est-il ?

көн

jour

вакыт

temps

хәзер

maintenant

дижитал сәгать

montre digitale

минут

minute

сәгать

heure

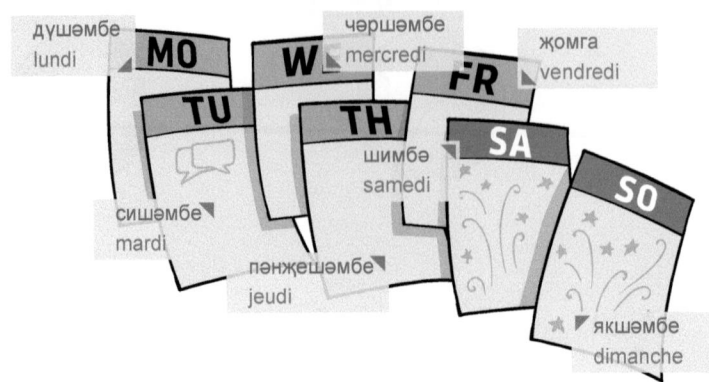

дүшәмбе
lundi

чәршәмбе
mercredi

җомга
vendredi

сишәмбе
mardi

шимбә
samedi

пәнҗешәмбе
jeudi

якшәмбе
dimanche

кичә

hier

бүген

aujourd'hui

иртәгә

demain

иртә

matin

төш

midi

кич

soir

MO	TU	WE	TH	FR	SA	SU
1	2	3	4	5	6	7
8	9	10	11	12	13	14
15	16	17	18	19	20	21
22	23	24	25	26	27	28
29	30	31	1	2	3	4

эш көннәре

jours ouvrables

MO	TU	WE	TH	FR	SA	SU
1	2	3	4	5	6	7
8	9	10	11	12	13	14
15	16	17	18	19	20	21
22	23	24	25	26	27	28
29	30	31	1	2	3	4

ял көннәре

week-end

яңгыр
pluie

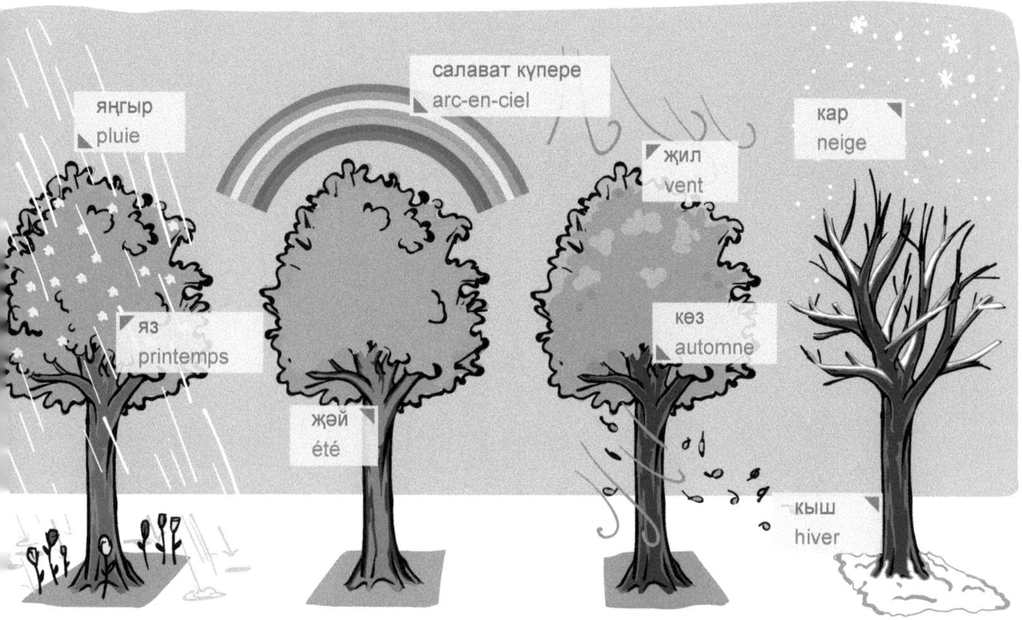

салават күпере
arc-en-ciel

жил
vent

кар
neige

яз
printemps

көз
automne

җәй
été

кыш
hiver

4.APRIL	11°	☀
5.APRIL	4°	☁
6.APRIL	13°	☂
7.APRIL	8°	❄
8.APRIL	10°	☀

hава торышы

météo

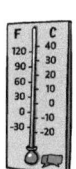

термометр

thermomètre

кояш яктысы

lumière du soleil

болыт

nuage

томан

brouillard

дымлылык

humidité

яшен

foudre

күк күкрәү

tonnerre

давыл

tempête

боз

grêle

муссон

mousson

су басу

inondation

боз

glace

гыйнвар

janvier

февраль

février

март

mars

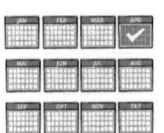

апрель

avril

май

mai

июнь

juin

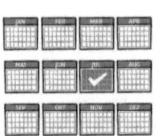

июль

juillet

август

août

сентябрь

septembre

октябрь

octobre

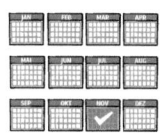

ноябрь

novembre

декабрь

décembre

формалар
formes

түгәрәк

cercle

дүрткел

carré

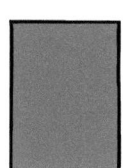

турыпочмак

rectangle

өчпочмак

triangle

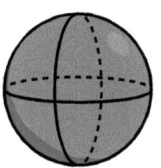

шар

sphère

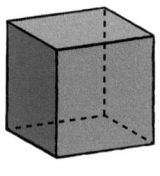

куб

cube

ак

blanc

сары

jaune

кызгылт сары

orange

ал

rose

кызыл

rouge

шәмәхә

violet

зәңгәр

bleu

яшел

vert

көрән

marron

соры

gris

кара

noir

күп / аз

beaucoup / peu

усал / тыныч

fâché / calme

матур / ямьсез

joli / laid

баш / ахыр

début / fin

зур / кечкенә

grand / petit

якты / караңгы

clair / obscure

абый, эне / апа, сеңел

frère / soeur

таза / пычрак

propre / sale

тәмам / тәмамланмаган

complet / incomplet

көн / төн

jour / nuit

үле / тере

mort / vivant

киң / тар

large / étroit

ашарга яраклы / ашарга
яраксыз

comestible / incomestible

яман / яхшы

méchant / gentil

дулкынланган / ялыккан

excité / ennuyé

юан / ябык

gros / mince

беренче / соңгы

premier / dernier

дус / дошман

ami / ennemi

тулы / буш

plein / vide

каты / йомшак

dur / souple

авыр / җиңел

lourd / léger

ачлык / сусау

faim / soif

авыру / сәламәт

malade / sain

канунсыз / канунлы

illégal / légal

акыллы / акылсыз

intelligent / stupide

сул / уң

gauche / droite

якын / ерак

proche / loin

яңа / кулланылган

nouveau / usé

һичнәрсә / нәрсәдер

rien / quelque chose

өлкән / яшь

vieux / jeune

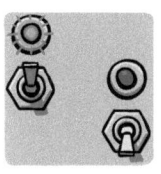

кабыздырылган / сүндерелгән

marche / arrêt

ачык / ябык

ouvert / fermé

тавышсыз / гөрелтеле

faible / fort

бай / ярлы

riche / pauvre

дөрес / ялгыш

correct / incorrect

кытыршы / шома

rugueux / lisse

күңелсез / күңелле

triste / heureux

кыска / озын

court / long

акрын / тиз

lent / rapide

дымлы / коры

mouillé / sec

җылы / салкын

chaud / froid

сугыш / тынычлык

guerre / paix

0

сыфыр

zéro

1

бер

un / une

2

ике

deux

3

өч

trois

4

дүрт

quatre

5

биш

cinq

6

алты

six

7

җиде

sept

8

сигез

huit

9

тугыз

neuf

10

ун

dix

11

унбер

onze

12
унике
douze

13
унеч
treize

14
ундүрт
quatorze

15
унбиш
quinze

16
уналты
seize

17
унҗиде
dix-sept

18
унсигез
dix-huit

19
унтугыз
dix-neuf

20
егерме
vingt

100
йөз
cent

1.000
мең
mille

1.000.000
миллион
million

инглизчə
....
anglais

Америка инглизчəсе
....
anglais américain

Мандарин кытайчасы
....
chinois mandarin

һинди
....
hindi

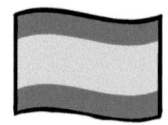

испанча
....
espagnol

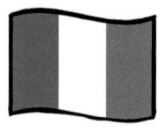

французча
....
français

гарəпчə
....
arabe

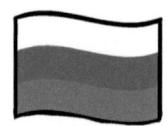

русча
....
russe

португалча
....
portugais

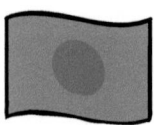

бенгали
....
bengali

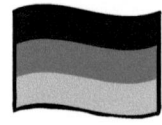

алманча
....
allemand

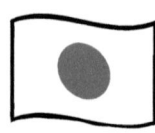

японча
....
japonais

мин

je

син

tu

ул / ул / ул

il / elle / ce, c', cela

без

nous

сез

vous

алар

ils / elles

кем?

Qui ?

нәрсә?

Quoi ?

ничек?

Comment ?

кайда?

Où ?

кайчан?

Quand ?

исем

nom

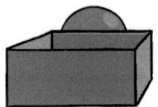

артта

derrière

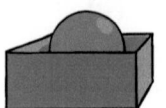

эчендә

dans

алда

devant

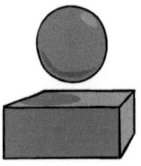

өстендә

au-dessus

өстенә

sur

астында

en-dessous

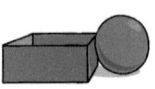

янында

à côté de

арасында

entre

урын

lieu